# Checklisten und Vorlagen für die Kita-Leitung

Katia Simon

## Von Aufsichtspflicht bis Qualitätsmanagement

Verlag an der Ruhr

# Impressum

**Titel**
*Perfekt organisiert im Kita-Alltag*
**Checklisten und Vorlagen für die Kita-Leitung**
Von Aufsichtspflicht bis Qualitätsmanagement

**Autorin**
Katia Simon

**Umschlagmotive**
Punktemuster: © Iveta Angelova – stock.adobe.com; Illustration Kiste: © BadBrother – Shutterstock.com; alle anderen © Verlag an der Ruhr

**Rahmenlayoutelemente**
Punktemuster (auf mehreren Seiten): © Iveta Angelova – stock.adobe.com; S. 12/13: Rahmen-Illustration oben: © Blan-k – Shutterstock.com; S. 14–16 und S. 44–47: Büroklammer: © JosepPerianes – Shutterstock.com; S. 17–20 und S. 25–43 Pinnnadel: © JosepPerianes – Shutterstock.com; alle anderen © Verlag an der Ruhr

**Illustrationen**
© JosepPerianes – Shutterstock.com; außer Tipp-Rahmen S. 13: © Blan-k – Shutterstock.com

**Satz und Layout**
krauß-verlagsservice, Wassertrüdingen

**Druck**
Athesia Druck GmbH, Bozen, IT

Ursprünglich unter der ISBN 978-3-589-16547-6 bei Cornelsen Verlag GmbH, Berlin (2019) erschienen.


Nachdruck 2025
**ISBN 978-3-8346-6094-7**

**Hinweis:** Der Verlag an der Ruhr legt großen Wert auf eine geschlechtergerechte und inklusive Sprache. Daher nutzen wir neutrale Formulierungen oder das Gendersternchen, um alle Menschen unabhängig von Geschlecht oder Geschlechtsidentität einzuschließen.

# Inhaltsverzeichnis

## Organisation und Budget



## Selbstmanagement



## Qualität



## Öffentlichkeitsarbeit



## Kontakte



## Recht und Sicherheit



## Personal

# Anschaffungen und Installationen

| Räume | Budget | Kosten | Sonstiges |
|---|---|---|---|
| Personalräume | | | |
| Gruppenräume | | | |
| Ruheräume | | | |
| Garderoben/Flur | | | |
| Waschräume | | | |
| Küche | | | |
| Außenbereich | | | |
| Sonstiges | | | |

# Urlaubsplanung



| Mitarbeiter*in | Gruppe | Resturlaub | Urlaubstage | Januar | Februar | März | April | Mai | Juni | Juli | August | September | Oktober | November | Dezember |
|---|---|---|---|---|---|---|---|---|---|---|---|---|---|---|---|
| | | | | | | | | | | | | | | | |
| | | | | | | | | | | | | | | | |
| | | | | | | | | | | | | | | | |
| | | | | | | | | | | | | | | | |
| | | | | | | | | | | | | | | | |
| | | | | | | | | | | | | | | | |
| | | | | | | | | | | | | | | | |
| | | | | | | | | | | | | | | | |
| | | | | | | | | | | | | | | | |
| | | | | | | | | | | | | | | | |
| | | | | | | | | | | | | | | | |
| | | | | | | | | | | | | | | | |
| | | | | | | | | | | | | | | | |
| | | | | | | | | | | | | | | | |
| | | | | | | | | | | | | | | | |
| | | | | | | | | | | | | | | | |
| | | | | | | | | | | | | | | | |
| | | | | | | | | | | | | | | | |
| | | | | | | | | | | | | | | | |

# Hausregeln für die Erziehungsberechtigten

1. Im Interesse der Sicherheit der Kinder sind alle **Ein- und Ausgangstüren** zu schließen und vorhandene Riegel vorzulegen.
2. In der Kita und auf dem gesamten Gelände herrscht absolutes **Rauchverbot**.
3. Um einen harmonischen **Tagesablauf** zu gewährleisten, sollten die Kinder morgens bis ____ Uhr in die Einrichtung gebracht werden.
4. Um nicht zu viel Unruhe in die Gruppen zu bringen, bitten wir Sie, die Kinder nur im folgenden Zeitfenster **abzuholen**: ____________________
5. Das Betreten der Gruppenräume mit **Straßenschuhen** ist aus hygienischen Gründen nicht gestattet.
6. Für mitgebrachtes Spielzeug, untergestellte Kinderwagen, abgestellte Fahrzeuge (z. B. Laufrad, Fahrrad, Dreirad) und andere Gegenstände übernimmt die Einrichtung **keine Haftung**.
7. **Erkrankte Kinder** werden nicht in der Einrichtung betreut. Wenn das Kind in der Betreuungszeit erkrankt oder der begründete Verdacht besteht, werden die Erziehungsberechtigten informiert, holen das Kind schnellstmöglich ab und stellen es ggf. der Kinderärztin bzw. dem Kinderarzt vor.
8. Bei Durchfall und/oder Erbrechen muss das Kind **mindestens 48 Stunden symptomfrei** sein, bevor es wieder in die Einrichtung gebracht werden darf.
9. Wenn das Kind oder ein Familienmitglied an einer übertragbaren Krankheit erkrankt ist, die unter das Infektionsschutzgesetz fällt, wird die Einrichtung sofort informiert. Das Kind kann die Einrichtung erst wieder nach ärztlicher Unbedenklichkeitsbescheinigung besuchen.
10. Wir weisen darauf hin, dass das **Tragen von Schmuck** bei Kindern die Verletzungsgefahr bei Unfällen erhöht. Die Verantwortung für Verletzungen, die durch getragenen Schmuck verursacht werden, tragen die Erziehungsberechtigten.
11. Änderungen der Kontaktdaten der Erziehungsberechtigten (Anschrift, Telefonnummer, E-Mail-Adresse) müssen unverzüglich und in schriftlicher Form gemeldet werden.
12. Das **Haus- und Weisungsrecht** hat die Leitung der Einrichtung.
13. Bei wiederholten **Verstößen gegen die Hausordnung** kann der Betreuungsvertrag seitens der Einrichtung gekündigt werden.
14. Sonstiges:

____________________

____________________

# Bedarfsplanung
# Personal und Ausstattung

| Bedarf | Sonstiges | Stunden | Budget | Ist-Kosten | Differenz |
|---|---|---|---|---|---|
| | | | | | |
| | | | | | |
| | | | | | |
| | | | | | |
| | | | | | |
| | | | | | |
| | | | | | |
| | | | | | |
| | | | | | |
| | | | | | |
| | | | | | |
| | | | | | |
| | | | | | |
| | | | | | |
| | | | | | |
| | | | | | |
| | | | | | |
| | | | | | |
| | | | | | |
| | | | | | |
| | | | | | |

# Kita-Dienstplanung

| Mitarbeiter*in | Mo | Di | Mi | Do | Fr | Summe Betreuung | Vorberei-tungszeit | Pause | Gesamt-stunden |
|---|---|---|---|---|---|---|---|---|---|
| | | | | | | | | | |
| | | | | | | | | | |
| | | | | | | | | | |
| | | | | | | | | | |
| | | | | | | | | | |
| | | | | | | | | | |
| | | | | | | | | | |
| | | | | | | | | | |
| | | | | | | | | | |
| | | | | | | | | | |
| | | | | | | | | | |
| | | | | | | | | | |
| | | | | | | | | | |
| | | | | | | | | | |
| | | | | | | | | | |
| | | | | | | | | | |
| | | | | | | | | | |
| | | | | | | | | | |
| | | | | | | | | | |
| | | | | | | | | | |

# Kompaktübersicht Kinderkrankheiten 1/2



| Erkrankung | Symptome | Erregung, Übertragung und Inkubationszeit | Ansteckungsphase | Meldepflicht und Gesundschreibung |
|---|---|---|---|---|
| Bindehaut-entzündung | rote, verklebte und tränende Augen; Brennen oder Jucken; morgens Schwellungen; Lichtempfindlichkeit | Erreger: Adenoviren, Bakterien, Staub, Allergie<br>Übertragung: Tröpfchen- oder Schmier-infektion<br>Inkubationszeit: 1–2 Wochen | solange der Erreger nachweisbar ist; meist 2 Wochen | nein |
| Borreliose | ringförmige Rötung an der Einstichstelle („Wanderröte“); Fieber; Kopfschmerzen; Muskelschmerzen; Abgeschlagenheit; Magen-Darm-Beschwerden; Lymphknotenschwellung; kann im weiteren Verlauf auch Nervensystem, Gelenke und Organe angreifen | Erreger: Bakterien (Borrelia burgdorferi)<br>Übertragung: Zeckenstiche<br>Inkubationszeit: 2–90 Tage nach dem Stich | von Mensch zu Mensch nicht übertragbar | nein |
| Coronavirus SARS-CoV-2/ COVID-19 | Husten; Fieber; Schnupfen; Halsschmerzen; Störungen des Geruchs- und/oder Geschmackssinns; Atemnot; Kopf- und Gliederschmerzen; Müdigkeit; Übelkeit; Appetitlosigkeit; Erbrechen; Bauchschmerzen; Durchfall<br>Bei Kindern kann das „Pädiatrische Inflammatorische Multisystemische Syndrom (PIMS)“ entstehen, ein entzündliches Krankheitsbild mit Fieber, Magen-Darm-Beschwerden und Herzproblemen, welches häufig eine intensivmedizinische Behandlung benötigt. | Erreger: Virusvarianten von SARS-CoV-2<br>Übertragung: Tröpfchen- oder Schmier-infektion, Aerosole<br>Inkubationszeit: ca. 3–6 Tage | kann nicht genau definiert werden; ca. 5 Tage um den Symptombeginn herum am höchsten; Ansteckungsfähigkeit geht in den ersten 10 Tagen nach Beginn der Symptome stetig zurück | Meldepflicht: ja<br>Gesundschreibung: nein |
| Hand-Mund-Fuß-Krankheit | Fieber; geringer Appetit und Halsschmerzen; 1–2 Tage nach Fieberbeginn kleine, rote Flecken und Bläschen auf der Mundschleimhaut; nicht juckender Hautausschlag auf Handflächen und Fußsohlen; Verlust von Finger- und Fußnägeln möglich | Erreger: Enterovirus (Gruppe A)<br>Übertragung: Tröpfcheninfektion<br>Inkubationszeit: 3–10 Tage | 7 Tage stark; anschließend mehrere Wochen lang über den Stuhl | nein |
| Keuchhusten (Pertussis) | grippeähnliche Symptome; dann Hustenanfälle mit zähem Schleim bis zum Erbrechen;<br>für Säuglinge besonders gefährlich | Erreger: Bakterium Bordetella pertussis<br>Übertragung: Tröpfcheninfektion<br>Inkubationszeit: 7–10 Tage | ab Ende der Inkubationszeit; erreicht den Höhepunkt während der ersten beiden Wochen; kann mehrere Wochen andauern | ja |
| (Kopf-)Läuse | Juckreiz; entzündete Hautstellen; lebendige, bräunlich-rote Läuse; wenig gefärbte Jungläuse (Nymphen); bräunlich-gräuliche Läuseeier, die weniger als 1 cm entfernt von der Kopfhaut am Haar kleben | Erreger: Kopflaus (Pediculus humanus capitis)<br>Übertragung: Läuse wandern von Kopf zu Kopf<br>Inkubationszeit: – | solange Betroffene mit Läusen befallen sind und noch nicht mindestens 2-mal im Abstand mehrerer Tage behandelt wurden | ja |
| Masern | hohes Fieber; Bindehautentzündung; Schnupfen; Husten; Ausschlag im Mund; bräunlich-rosafarbene Hautflecken im Gesicht und hinter den Ohren am 3.–7. Tag | Erreger: Masernvirus<br>Übertragung: Tröpfcheninfektion<br>Inkubationszeit: 8–10 Tage, 2 Wochen bis zum Ausschlag | 3–5 Tage vor dem Ausschlag und 4 Tage danach | ja |
| Meningokokken | äußert sich häufig als Hirnhautentzündung mit Fieber, Kopfschmerzen, Übelkeit, Lichtempfindlichkeit, Müdigkeit, Benommenheit, Nackensteifigkeit, Krämpfen;<br>bei Säuglingen und Kleinkindern häufig vorgewölbte oder harte Fontanelle | Erreger: Meningokokken (Bakterium Neisseria meningitidis)<br>Übertragung: Tröpfchen- oder Schmier-infektion<br>Inkubationszeit: 2–10 Tage | bis zu 7 Tage vor Beginn der Symptome und bis 24 Stunden nach Beginn einer erfolgreichen Therapie mit speziellem Antibiotikum | Meldepflicht: ja<br>Gesundschreibung: nein |

# Kompaktübersicht Kinderkrankheiten 2/2



| Erkrankung | Symptome | Erregung, Übertragung und Inkubationszeit | Ansteckungsphase | Meldepflicht und Gesundschreibung |
|---|---|---|---|---|
| Mumps | Fieber; Appetitlosigkeit; Unwohlsein; Kopf- und Gliederschmerzen 1–2 Tage nach Ausbruch der Krankheit; schmerzhafte, entzündliche Schwellung der Ohrspeicheldrüsen | Erreger: Mumpsvirus<br>Übertragung: Tröpfcheninfektion<br>Inkubationszeit: 12–25 Tage | 2 Tage vor bis 4 Tage nach Ausbruch am wahrscheinlichsten | ja |
| Norovirus | Durchfall; Übelkeit; Erbrechen; Bauch- und Muskelschmerzen; Fieber | Erreger: Noroviren<br>Übertragung: Tröpfchen- oder Schmierinfektion, verunreinigte Gegenstände oder Lebensmittel<br>Inkubationszeit: 6 Stunden–2 Tage | ab dem Auftreten der Symptome bis ca. 48 Stunden nach Abklingen der Beschwerden | Meldepflicht: ja<br>Gesundschreibung: nein |
| Ringelröteln | Kopfschmerzen; Fieber; Unwohlsein; Schwellung der Lymphknoten; schmetterlingsförmige, großfleckige Rötung auf beiden Wangen; später fleckenförmige, rote Hautveränderungen auf Schultern, Oberarmen, Oberschenkeln, Gesäß, die sich girlanden- oder ringelförmig ausbilden | Erreger: Ringelröteln-Viren (Parvovirus B19)<br>Übertragung: Tröpfcheninfektion, verunreinigte Gegenstände<br>Inkubationszeit: ca. 1–2 Wochen | bereits einige Tage vor dem Auftreten der Symptome bis zum Auftreten des Ausschlags am höchsten | ja |
| Rotaviren | wässrige Durchfälle; Erbrechen; Fieber; Bauchschmerzen; bei Säuglingen häufig Klinikaufenthalt nötig | Erreger: Rotaviren<br>Übertragung: Schmierinfektion<br>Inkubationszeit: 1–3 Tage | etwa 1 Woche; Frühgeborene und Abwehrschwache länger | nein |
| Röteln | sehr unterschiedlich, am charakteristischsten: kleinflächiger Ausschlag im Gesicht beginnend für 1–3 Tage; Kopfschmerzen; erhöhte Temperatur; Lymphknotenschwellung; Hals-/Bindehautentzündung möglich | Erreger: Rötelnvirus<br>Übertragung: Tröpfcheninfektion<br>Inkubationszeit: 14–21 Tage | 1 Woche vor Ausbruch des Ausschlags bis 1 Woche danach | ja |
| Salmonellen | Durchfall; Erbrechen; Kopf- und Bauchschmerzen; Fieber | Erreger: Salmonellen-Bakterien<br>Übertragung: Schmierinfektion, verunreinigte Lebensmittel, Kontakt mit Tierkot<br>Inkubationszeit: 6–72 Stunden | ab Auftreten der Symptome bis zu 1 Monat nach Abklingen der Symptome; bei schweren Verläufen bei kleinen Kindern bis zu einem halben Jahr | Meldepflicht: ja<br>Gesundschreibung: nein |
| Scharlach | Kopf- und Halsschmerzen; Schluckbeschwerden; Schüttelfrost; rasch steigendes Fieber; evtl. Bauchschmerzen und Erbrechen; Gaumen und Rachen rot; Mandeln entzündet und oft weiß belegt; nach 1–2 Tagen nicht juckender Hautausschlag sowie die charakteristische „Himbeer-Zunge“ | Erreger: Scharlach-Bakterium<br>Übertragung: Tröpfchen- oder Schmierinfektion, Hautinfektionen<br>Inkubationszeit: 1–3 Tage | bis zu 3 Wochen; nach Antibiotikabeginn 24 Stunden | ja |
| Skabies (Krätze) | Brennen und Jucken der Haut; Bläschen, Knötchen oder Pusteln auf der Haut; Hautausschlag | Erreger: Skabiesmilbe<br>Übertragung: Hautkontakt von Mensch zu Mensch oder seltener von Tier zu Mensch, Kontakt mit befallener Kleidung oder Gegenständen<br>Inkubationszeit: bei Erstansteckung 2–5 Wochen | ab Ansteckung bis nach einer äußerlichen Behandlung bzw. 24 Stunden nach Einnahme der Tabletten | ja |
| Windpocken | 3–5 Tage Fieber; juckender Hautausschlag (Papeln, Bläschen und Schorf); Narben möglich durch starkes Kratzen oder bakterielle Infektionen; Gürtelrose als Langzeitfolge möglich | Erreger: Varizella-Zoster-Virus<br>Übertragung: über die Luft, Hautkontakt<br>Inkubationszeit: ca. 8–28 Tage, in der Regel 14–16 Tage | 1–2 Tage vor Auftreten des Ausschlags bis 5–7 Tage nach den letzten Bläschen | ja |

# Kompaktinfos für Hospitant*innen, FSJler*innen und Praktikant*innen

**Herzlich willkommen!**

- Es ist unser Ziel, während der Hospitation/des FSJ/des Praktikums einen **guten Einblick in den Alltag und unsere Arbeit in der Einrichtung** zu ermöglichen.
- Bitte beachten Sie unsere **Hausregeln**.
- Ein gutes Klima in unserer Einrichtung ist uns wichtig: Freundliche **Begrüßungen und Verabschiedungen** von Erziehungsberechtigten, Besucher*innen usw. sind für uns selbstverständlich.
- Bitte seien Sie pünktlich in der Einrichtung. Bei **Verspätungen bzw. Erkrankungen** bitten wir um telefonische Nachricht.
- Kommen Sie **mit Krankheitssymptomen bitte nicht in die Einrichtung** und kontaktieren Sie Ihre Hausärztin bzw. Ihren Hausarzt.
- Während Ihrer Zeit in der Einrichtung sind Sie **unfallversichert**: in der Arbeitszeit, bei Bildungsmaßnamen des Trägers sowie auf dem Weg in die Einrichtung und wieder nach Hause.
- Sie unterliegen der **Schweigepflicht**. Das bedeutet, dass alle Informationen über die Kinder (Daten, Entwicklungsstand, Krankheiten etc.) keinesfalls nach außen getragen werden dürfen.
- **Foto- und Filmaufnahmen der Kinder** dürfen ausschließlich mit dem Einverständnis der Erziehungsberechtigten und pädagogischen Fachkräfte gemacht werden.

**Zusätzliche Infos für Praktikum und Freiwilliges Soziales Jahr**

- Wir bitten Sie darum, spätestens am ersten Tag in der Einrichtung ein **erweitertes polizeiliches Führungszeugnis** vorzulegen, das nicht älter ist als sechs Monate.
- Bitte halten Sie Ihre **Dienstzeiten** unbedingt ein.
- Informieren Sie ggf. Ihre*n Praxisanleiter*in über **schulische Belange**.
- In einem regelmäßigen Rhythmus führen Sie **Feedback-Gespräche** mit Ihrer Praxisanleiterin bzw. Ihrem Praxisanleiter.
- Im Kita-Alltag **unterstützen Sie die pädagogischen Fachkräfte bei pädagogischen Tätigkeiten**. Sie sind z. B. Ansprech- und Spielpartner*in für die Kinder, unterstützen die Fachkräfte im Alltag und bieten **nach Absprache eigene Angebote** an.
- Im **Umgang mit den Kindern** steht die eigene Beobachtung an erster Stelle. Jedes Kind sollte individuell mit seinen Fähigkeiten und Eigenschaften gesehen und nicht voreilig bewertet werden.
- Vermeiden Sie, Kinder **emotional zu stark an sich zu binden**, da Ihre Zeit in der Einrichtung zeitlich begrenzt ist.
- Bitte achten Sie im Umgang mit **Lebensmitteln** auf Hygiene!
- Sie unterstützen bei anfallenden **hauswirtschaftlichen** Tätigkeiten **in der Gruppe**, z. B. zum Tagesabschluss Stühle in den Gruppen hochstellen, bei Bedarf Tische abwischen, Spülmaschine ein- bzw. ausräumen. Achten Sie dabei auf Hygiene.

# Arbeitsorganisation und Zeitmanagement

- **Delegieren und priorisieren** – Als Kita-Leitung können und sollen Sie nicht alles allein erledigen. Überlegen Sie, was Sie ans Team oder an Externe delegieren können, und sortieren Sie Ihre Aufgaben in eine sinnvolle Reihenfolge: Was ist wichtig? Was ist dringend? Was kann warten?
- **Struktur und Ordnung am Arbeitsplatz** – Am effektivsten können Sie arbeiten, wenn Daten sinnvoll strukturiert (in digitalen Dateien) abgelegt sind und jeder Gegenstand auf dem Schreibtisch seinen Platz hat. To-do-Listen, Anschaffungslisten & Co. helfen ebenfalls dabei, den Überblick zu bewahren.
- **Ähnliche Aufgaben bündeln** – Erledigen Sie ähnliche Aufgaben nacheinander, z. B. Verwaltungstätigkeiten. Das spart Zeit.
- **Große Aufgaben in kleine unterteilen** – Große Aufgaben erscheinen oft unüberwindbar. In Meilensteine unterteilt, sind sie überschaubarer, leichter zu delegieren und können schneller erledigt werden.
- **Recherchieren und Netzwerke nutzen** – Sie müssen nicht für alle Herausforderungen allein eine Lösung finden. Recherchieren Sie im Internet und in der Fachliteratur und befragen Sie Leitungskolleg*innen. So arbeiten Sie effizienter.
- **Ziele prüfen und anpassen** – Stellen sich Ziele im Prozess als nicht erreichbar oder nicht wichtig heraus, ändern oder streichen Sie sie.
- **Auf den eigenen Biorhythmus hören** – Um welche Uhrzeit sind Sie am leistungsfähigsten? Wann brauchen Sie eine Pause? Ein Spaziergang oder einfache Yoga-Übungen erfrischen besser als die x-te Tasse Kaffee.
- **Die eigenen Grenzen ernst nehmen** – Arbeiten Sie verantwortungsbewusst und seien Sie Vorbild für Ihre Mitarbeiter*innen, indem Sie Ihre persönlichen (Leistungs-) Grenzen beachten und schützen. Wenn Sie überlastet sind und glauben, es sei keine Zeit für eine Pause: Machen Sie unbedingt sofort eine! Danach lösen sich die festesten Knoten leichter.
- **80 Prozent sind genug** – Sicher kennen Sie das Pareto-Prinzip (80 Prozent der Ergebnisse können mit 20 Prozent des Gesamtaufwandes erreicht werden). Für die meisten Aufgaben ist ein 80-prozentiges Ergebnis ausreichend. Hier sollten Sie nicht zu perfektionistisch sein.

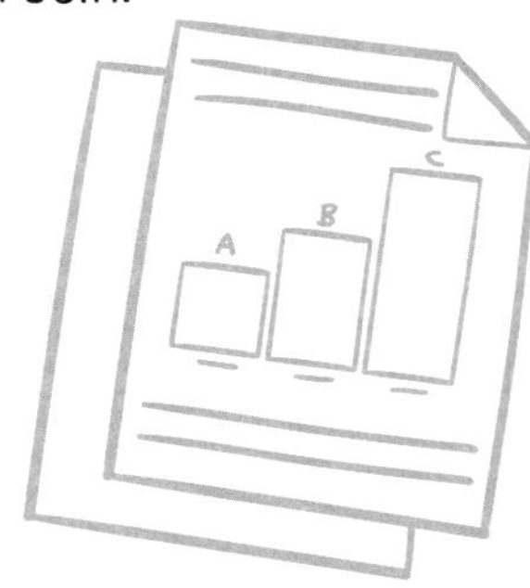

# Selbstreflexion

## Vorbereitung

- bewusst Zeit einplanen und freihalten
- Störungen ausschließen
- Entspannung zur Einstimmung, z. B. durch bewusstes Atmen, kurze Meditation, ruhige Musik
- Haltung: wertfrei, nicht verurteilend
- Material: schönes Notizbuch, guter Stift

**Tipp!**

Gedankengänge werden durch schriftliche Reflexion visualisiert. Das Gedächtnis wird entlastet und so Kapazitäten für neue Gedanken geschaffen.

## Schriftliche Reflexion

Notieren Sie Ihre Gedanken zu einer aktuellen Situation. Die folgenden Fragen können Sie in der Reflexion herausfordernder Situationen unterstützen:

- Wie ist die aktuelle Situation?
- Wie fühle ich mich gerade?
- Was ist der Auslöser für meine Gefühle? (z. B. Veränderungen in der Einrichtung, Konflikte im Team, Ziele werden/wurden nicht erreicht)
- Was blockiert mich? Was verursacht Sorgen?
- Was läuft gut?
- Welche Verhaltensmuster und Glaubenssätze erkenne ich bei mir?
- Die Perspektive wechseln:
  - Wie würde jemand von außen die Situation bewerten?
  - Was würde ich jemandem in meiner Situation raten? Welche Möglichkeiten würde ich aufzeigen?
- Wie könnte ich handeln/reagieren? Welche Optionen sehe ich? – Unbedingt alle Ideen wertfrei notieren!

**Tipp!**

Ein professionelles Coaching kann wie auch Supervision hilfreich sein, Ihre aktuelle Situation zu reflektieren und neue Perspektiven aufzuzeigen.

# Die eigene Kita-Konzeption

## Eine gute Kita-Konzeption ...

- bildet die Arbeit der pädagogischen Fachkräfte ab.
- wird gemeinsam im Team erarbeitet.
- enthält Praxisbeispiele.
- wird regelmäßig auf Aktualität der pädagogischen Ziele, Überzeugungen, Ansichten und Methoden in der Einrichtung überprüft.
- ist für alle im Team verbindlich.

## Tipps, um eine Kita-Konzeption zu schreiben

### Erste Schritte

- Austausch und Einigung im Team über Haltungen, Ideale und Methoden
- Gespräch mit dem Träger über die Inhalte der Kita-Konzeption
- alte Konzeption darauf prüfen, ob etwas übernommen werden kann
- gesetzliche Vorgaben prüfen (Bildungsplan, Kita-Verordnung, Hygieneverordnung usw.)
- einen roten Faden für die Kita-Konzeption überlegen, z. B. Schwerpunkt der Einrichtung
- Struktur der Kita-Konzeption festlegen (z. B. „Einführung“, „Unsere Einrichtung“, „Unser Träger“, „Unsere pädagogische Arbeit“, „Elternarbeit/Erziehungspartnerschaft“)

### Schreibprozess

- für alle Lesenden der Konzeption schreiben – Erziehungsberechtigte, Team, Träger, Verwaltungspersonal usw.
- ansprechend, klar und deutlich formulieren, fachlich fundiert schreiben, aber nicht zu fachsprachlich
- Fotos, Zeichnungen der Kinder und andere Abbildungen einfügen
- Layout gestalten (Deckblatt mit Kita-Logo, Schriftarten, Schmuckelemente usw.)

### Nicht vergessen

- Impressum zusammenstellen, inkl. Datum, Beteiligte, Kontaktadressen, Druckerei (falls vorhanden)
- mehrere Testleser*innen (aus dem Team und extern) finden, die beim Korrigieren und ggf. Kürzen unterstützen
- evtl. Kurzversion der Konzeption zusammenstellen
- Kita-Konzeption drucken lassen und auf der Website veröffentlichen
- Kita-Konzeption an alle Mitarbeiter*innen, den Träger, die Erziehungsberechtigten usw. verteilen

# Qualitätsanzeichen

QUALITÄT

- Gesetze und Richtlinien für Kitas werden befolgt.

- Die pädagogischen Fachkräfte haben sich mit zahlreichen **pädagogischen Ansätzen** beschäftigt und sich begründet für einen oder mehrere entschieden. **Aktuelle Forschungsergebnisse** aus den Bereichen Entwicklungspsychologie und -pädagogik fließen in die **tägliche Arbeit** aller Mitarbeiter*innen ein.

- Die pädagogischen Fachkräfte **beobachten und dokumentieren** regelmäßig das Verhalten aller Kinder und halten ihre **Entwicklung** schriftlich (in Entwicklungsberichten) fest. Es wird für jedes Kind ein **Portfolio** geführt.

- Die **Entwicklungs- und Grundbedürfnisse von Kindern, ihre spezifischen Entwicklungsphasen sowie entwicklungsförderliche Merkmale** werden in der täglichen Arbeit berücksichtigt.

- Die pädagogischen Fachkräfte und die Leitung der Einrichtung reflektieren regelmäßig ihre **Selbst-, Sach- und Sozialkompetenz**. Sie arbeiten an den Kompetenzen, wenn es nötig ist, und bilden sich fort.

- Die **Einrichtungsleitung** unterstützt Zielfindungsprozesse und begleitet Auseinandersetzungen sowie Weiterentwicklungen des Teams.

- Die **pädagogische Arbeit der Fachkräfte** ist zielorientiert sowie methodisch-didaktisch begründet. Infrastrukturelle Besonderheiten des Umfelds und besondere Lebenssituationen der Kinder werden dabei berücksichtigt.

- Die **Teamarbeit** orientiert sich an inhaltlichen Entwicklungszielen. Die pädagogischen Fachkräfte bringen sich engagiert, interessiert und neugierig ein. Qualität in der Praxis wird durch Teamarbeit gesichert und aufrechterhalten bzw. ausgebaut.

- Altersentsprechende und entwicklungsfördernd gestaltete **Innen- und Außenräume der Einrichtung** ergänzen die Qualität der pädagogischen Arbeit.

### Qualitätsanzeichen nach außen

- professionelle **Öffentlichkeitsarbeit** (Website, Flyer, Aktionen, Kontakt zu interessierten Erziehungsberechtigten, zu Medien usw.)

- regelmäßige **Fort- und Weiterbildungen** aller Mitarbeiter*innen

- professionelle **Zusammenarbeit mit den Erziehungsberechtigten** (Elterngespräche, Elternabende, Feste, Aktionen usw.)

- professionell gestaltete **Kooperation** mit dem Träger und den vernetzten Einrichtungen

- professionelle **Betreuung** von Praktikant*innen und FSJler*innen

# Kompaktübersicht frühpädagogischer Konzepte

## Situationsansatz

**Kernaussage/Basis:** Alle Kinder handeln möglichst autonom, solidarisch und kompetent.
**Pädagogische Grundlagen:** Lernen in Lebenssituationen, Lernen in Sinnzusammenhängen, Partizipation, altersgemischte Gruppen, Einbeziehung der Erziehungsberechtigten, integrative und kultursensible Erziehung, Öffnung nach außen, offene Planung und Raumgestaltung, anregungsreiche Lern- und Erfahrungsumgebung im Innen- und Außenbereich

**Umsetzung:** Die pädagogischen Fachkräfte beobachten Bildungs- und Entwicklungsprozesse und führen Situationsanalysen durch. Daraus resultieren Projekte zu Themen, die die Kinder interessieren sowie Lern-, Entwicklungs- und Gestaltungschancen bieten.

## Frühpädagogik nach Maria Montessori

**Kernaussage/Basis:** Kinder erfahren über Selbstwirksamkeit die eigenen Stärken.
**Pädagogische Grundlagen:** offene Lehrmethoden mit Freiräumen und Eigenverantwortlichkeit der Kinder, Grundannahme: In bestimmten Entwicklungsstufen sind Kinder für bestimmte Lerninhalte besonders aufnahmefähig.
**Umsetzung:** Die pädagogischen Fachkräfte fungieren als Beobachter*innen der Kinder und leisten Hilfestellung, wenn es nötig ist. Sie unterstützen die natürlichen Interessen der Kinder und gestalten eine sogenannte vorbereitete Umgebung (= förderliche Reizumwelt).

## Waldorfpädagogik nach Rudolf Steiner

**Kernaussage/Basis:** ganzheitliche Menschenkunde Rudolf Steiners
**Pädagogische Grundlagen:** Kinder durchlaufen bis zum 21. Lebensjahr drei Lebens- und Entwicklungsphasen, Dreigliederung des Menschen (Denken, Fühlen, Wollen), soziales Miteinander mit fester Ordnung und sicheren Strukturen, Tages- und Jahresrhythmen haben einen hohen Stellenwert.
**Umsetzung:** Die Kinder lernen im Freispiel mit einfachen, natürlichen und altersentsprechenden Spielmaterialien sowie durch Nachahmung älterer Kinder und Erwachsener. Handwerklich-kreativ-künstlerische Tätigkeiten zur Persönlichkeitsentfaltung stehen im Fokus.

## Spielpädagogik nach Friedrich Fröbel

**Kernaussage/Basis:** Kinder brauchen das Spiel mit anderen Kindern.
**Pädagogische Grundlagen:** Friedrich Fröbels Konzept des Kindergartens: Mischung aus Spielen, Singen und praktischen Tätigkeiten, Kleinkinder sollen in Selbstständigkeit und Selbstaktivität ausgebildet werden
**Umsetzung:** Sprachförderung, Musikerziehung, körperlicher Ausdruck, künstlerischer und kreativer Ausdruck sowie frei gestaltetes Spiel der Kinder fungieren als Selbstbildung der Kinder (intrinsische Motivation). Die Kinder lernen im Alltag, Verantwortung füreinander zu übernehmen.

## Reggio-Pädagogik nach Loris Malaguzzi

**Kernaussage/Basis:** Jedes Kind weiß am besten, was es braucht.
**Pädagogische Grundlagen:** Experimentelle Pädagogik, aktuelle Erkenntnisse aus der Lern-, Entwicklungs- und Sozialisationstheorie und Erziehungs- und Bildungswissenschaft werden laufend integriert.
**Umsetzung:** In einer sicheren Umgebung erproben die Kinder Forschergeist, Neugier und Vorstellungskraft. Die pädagogischen Fachkräfte bereiten einen angemessenen Entwicklungsraum (= dritte*r Erzieher*in) vor. Sie dokumentieren die Fortschritte der Kinder. Das Miteinander der Kinder ist ein zentraler Aspekt. Es werden viele praktische Projekte umgesetzt.

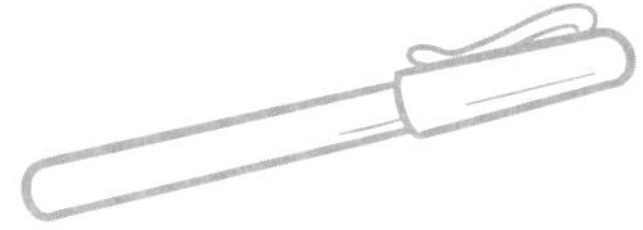

# Sozialraumorientierung

## Ziele und Chancen

- Möglichkeit für die Kinder, das **soziale Umfeld außerhalb der Einrichtung** zu erleben
- **Vernetzung** mit dem kirchlichen und kommunalen Gemeindeleben
- **Erziehungsberechtigte als Partner*innen**, die am Kita-Alltag teilhaben
- Weitere **Familienmitglieder und Anwohner*innen** können als **aktive Gestalter*innen** des Stadtteils und als **Ressource** für die Arbeit mit Kindern einbezogen werden.
- **Die Kita als Gestalterin von Angeboten**: Familienbildung, Eltern-, Sozial- und Rechtsberatung, Selbsthilfegruppen, Elterncafés, Stadtteilfeste etc.

* * *

## Allgemeine Umsetzungsmöglichkeiten in der Einrichtung

- **Sozialraumanalyse:** Welche sozialstatistischen Daten des Stadtteils sind zugänglich und wie lassen sich daraus Teilnahmemöglichkeiten (Angebote usw.) entwickeln?
- **Sozialraumpädagogik:** Wie kann ein Alltag für Kinder und Erziehungsberechtigte in der Kita geschaffen werden? – z. B. Öffnungszeiten, Kinderturnen, Familien-Kochen
- **Sozialraumpolitik:** Wie kann die Einrichtung an der sozialen und pädagogischen Infrastruktur teilhaben, diese mitgestalten und Bewohner*innen motivieren? (Stadtteilkonferenzen usw.)
- **Zusammenarbeit mit Erziehungsberechtigten und Kindern:** Welche Erwartungen und Erfahrungen haben sie? Wie können individuelle Wünsche und Bedürfnisse evtl. in die Kita-Arbeit und die Angebotsstruktur einfließen?

## Umsetzungsidee mit den Kindern

- **Stadtteilbegehung:** zunächst allein durch die pädagogischen Fachkräfte und anschließend mit den Kindern
  - Wie ist der Stadtteil aus Kinderperspektive strukturiert? (Verkehrssituation, gefährliche Orte usw.)
  - Welche Angebote gibt es für Kinder? (Spielplätze, Bücherei, Park usw.)
  - Gestaltung einer Sozialraumkarte mit entsprechenden Markierungen
  - Ergänzung der Karte durch Zeichnungen und Fotos der Kinder

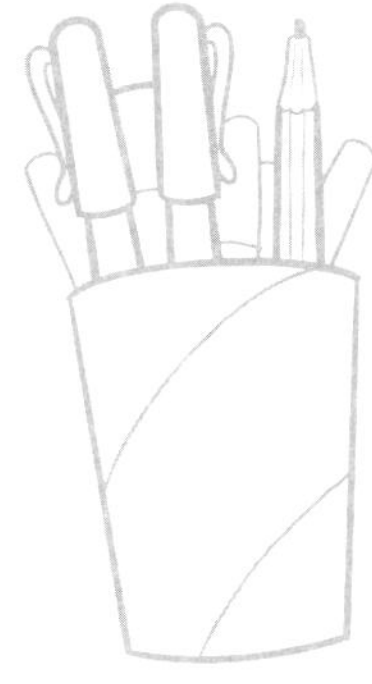

# Die eigene Kita-Website

## Vorüberlegungen

- ○ Gibt es eine bestehende Website, die als Basis genutzt und überarbeitet werden kann?
- ○ Besteht die Möglichkeit, die Website als Unterseite der Website des Trägers anzulegen?
- ○ Stimmt der Träger einer Kita-Website zu? (Vertrag über Befugnisse schließen)
- ○ Wer aus dem Team kann bei der Arbeit an der Website Kompetenzen und Vorkenntnisse einbringen?
- ○ Wer übernimmt die Gestaltung der Website und die technische Arbeit? – z. B. eine Agentur, Ehrenamtliche oder jemand aus dem Team mit einem Anbieter wie Jimdo

## Erste Schritte

- ○ Gespräch mit dem Träger über Kostenübernahme und praktische Unterstützung
- ○ Entscheidung für eine Domain (Name der Website)
- ○ Vertrag mit einem Provider schließen
- ○ Websites anderer Einrichtungen anschauen und überlegen, was für die eigene Website inspirieren kann
- ○ Welches Bild der Einrichtung soll nach außen getragen werden?
- ○ Welche Inhalte soll die Website haben? – z. B. Konzeption, Leitbild, Elternmitarbeit, Tagesablauf

## Umsetzung

- ○ Layout gestalten
- ○ im Team die Texte formulieren und Korrektur lesen
- ○ Fotos auswählen (Persönlichkeitsrechte beachten) oder bei einer Agentur einkaufen
- ○ ggf. professionelle Fotos der Einrichtung und der Mitarbeiter*innen machen lassen
- ○ Texte und Fotos einfügen
- ○ rechtliche Vorgaben berücksichtigen und Inhalte zusammenstellen – z. B. Impressum
- ○ Korrektur lesen (lassen)

# Flyer gestalten

## Vorüberlegungen

- Gibt es einen Anlass für den Flyer? Dieser sollte kommuniziert werden.
- Welche Inhalte soll der Flyer transportieren? – z. B. Fundraising, allgemeine Informationen über die Einrichtung
- Wer stellt die Informationen zusammen bzw. formuliert die Texte?

* * *

## Gestaltung und Druck

- Gibt es einen bestehenden Flyer, der als Vorlage genutzt werden kann?
- Gibt es eine Website, an die die Gestaltung angelehnt werden kann? – z. B. Farben, Schriftarten, Logo
- Wer übernimmt die Gestaltung und die technische Arbeit am Flyer? – z. B. eine Agentur, Ehrenamtliche, jemand aus der Einrichtung mit der Vorlage einer Online-Druckerei
- Wo wird gedruckt? – z. B. Online-Druckerei, Druckerei vor Ort
- Wie hoch soll die Druckauflage sein? Werden die Flyer nur für eine bestimmte, kurzfristige Aktion gebraucht oder sind sie länger aktuell?

* * *

## Das darf auf dem Flyer nicht fehlen

- kurze und prägnante Überschrift
- Abbildung, Foto oder grafische Gestaltung als Eyecatcher
- Adresse, Telefonnummer, E-Mail-Adresse und Internetadresse der Einrichtung
- ggf. Daten und Uhrzeiten für konkrete Termine und Veranstaltungen

# Fundraising

## Was ist Fundraising?

Der Begriff kommt aus dem Englischen: „fund“ = Vermögen, „to raise“ = aufstocken. Es ist nicht zu verwechseln mit Spendensammeln.

## Wie kann das „Vermögen“ der Kita aufgestockt werden?

- ○ finanzielle Mittel (Spenden, Sponsoring, Stiftungsmittel)
- ○ Sachwerte (Materialspenden)
- ○ ehrenamtliches Engagement
- ○ Fachwissen von ehrenamtlich engagierten Unterstützer*innen

## Was kann ich in der Einrichtung tun?

- ○ Ziele entwickeln und formulieren: Welches Projekt kann in der Kita mit Fundraising realisiert werden? – z. B. neue Spielgeräte, pädagogische Arbeit unterstützen/verbessern, Bücherei aufbauen
- ○ den Träger der Einrichtung über das Fundraising-Konzept informieren
- ○ das Team informieren, einbinden und für das Thema „Fundraising“ sensibilisieren
- ○ Öffentlichkeitsarbeit: potenzielle Unterstützer*innen und Multiplikator*innen aus den Medien, der Politik oder Verwaltung ansprechen, eine Ansprechperson dafür in der Kita bestimmen
- ○ Institutionen der Einrichtung, z. B. Förderverein, informieren
- ○ die bisherigen Fördernden über die Fundraising-Aktivität informieren

## Wie kann ich nach außen kommunizieren?

- ○ die Kita-Website aktuell halten, das Fundraising-Projekt dort vorstellen
- ○ einen ansprechenden Flyer gestalten und formulieren
- ○ eine Pressemappe zusammenstellen
- ○ passende und aktuelle (!) Fotos von der Einrichtung sowie zum Projekt passende Fotos bereithalten
- ○ transparent handeln: Hintergrundinformationen und Ziele klar formulieren und zur Verfügung stellen

# Mitarbeiter*innen: Kontaktdaten und Geburtstage

| Name | Kontaktdaten | Geburtstag |
| --- | --- | --- |
| | | |
| | | |
| | | |
| | | |
| | | |
| | | |
| | | |
| | | |
| | | |
| | | |
| | | |
| | | |
| | | |
| | | |
| | | |
| | | |
| | | |
| | | |
| | | |
| | | |
| | | |
| | | |

# Elternvertretung und Kita-Ausschuss

| Funktion | Name | E-Mail-Adresse | Telefonnummer(n) |
| --- | --- | --- | --- |
| | | | |
| | | | |
| | | | |
| | | | |
| | | | |
| | | | |
| | | | |
| | | | |
| | | | |
| | | | |
| | | | |
| | | | |
| | | | |
| | | | |

# Netzwerk und Ansprechpersonen

(andere Kitas, Kooperationspartner*innen, Träger, Sozialraum)

| Name | Funktion | Telefon/Mobilnummer/ E-Mail-Adresse | Adresse |
|---|---|---|---|
| | | | |
| | | | |
| | | | |
| | | | |
| | | | |
| | | | |
| | | | |
| | | | |
| | | | |
| | | | |

# Notfallnummern

(z. B. bei Schäden durch Umwelteinflüsse, Einbruch, technische Probleme)

| Name/Funktion | Notfallart | Telefonnummer |
|---|---|---|
| | | |
| | | |
| | | |
| | | |
| | | |
| | | |
| | | |
| | | |
| | | |
| | | |
| | | |

# Datenschutz: Mitarbeiter*innen

- Beim Datenschutz geht es darum, die **personenbezogenen Daten der Mitarbeiter*innen** zu schützen.
- **Personenbezogene Daten** dürfen nur erhoben werden, wenn sie für die Arbeit der Kita **erforderlich** sind.
- **Personenbezogene Daten** dürfen nur für den **Zweck** genutzt werden, für den sie erhoben wurden.
- Es ist gesetzlich festgelegt, dass Einrichtungen mit mehr als zehn Mitarbeiter*innen eine*n **Datenschutzbeauftragte*n** bestimmen.
- Die Mitarbeiter*innen müssen schriftlich über die **Verarbeitung ihrer personenbezogenen Daten informiert** werden.
- Wenn es für den geregelten Betriebsablauf erforderlich ist, darf der **Dienstplan für alle Mitarbeiter*innen einsehbar aufgehängt** werden. Die Erziehungsberechtigten dürfen keinen Einblick in den kompletten Dienstplan erhalten.
- Die Mitarbeiter*innen legen vor der Einstellung ein **erweitertes Führungszeugnis** vor. Regelmäßig (mindestens alle fünf Jahre) reichen sie ein aktuelles erweitertes Führungszeugnis ein. Dieses sowie eventuelle Inhalte werden in der Personalakte vermerkt. Das Führungszeugnis wird nach der Prüfung vernichtet oder zurückgegeben.
- Die nach 1970 geborenen Mitarbeiter*innen sind **gesetzlich dazu verpflichtet, einen Beleg für einen ausreichenden Masernschutz (Schutzimpfung), eine Masernimmunität oder eine medizinische Kontraindikation gegen eine Masern-Impfung vorzulegen.** Wenn Sie Informationen über weitere Schutzimpfungen abfragen möchten, müssen alle Mitarbeiter*innen zustimmen.

**Das muss regelmäßig durch die Leitung geprüft werden:**

Datenschutzerklärung Mitarbeiter*in → *bei der Einstellung*
Schulung der Mitarbeiter*innen zum Datenschutz → *bei der Einstellung*
aktuelles erweitertes Führungszeugnis der Mitarbeiter*innen → *alle fünf Jahre*

# Datenschutz: Kinder und Familien

- Beim Datenschutz geht es darum, die **Persönlichkeitsrechte** des Kindes und seiner Erziehungsberechtigten zu wahren und die **personenbezogenen Daten** zu schützen.
- Die Mitarbeiter*innen der Kita sind **zu Verschwiegenheit verpflichtet**, auch nach ihrer Dienstzeit.
- **Sozialdaten**, wie z. B. Familien- und Vermögensverhältnisse, Gesundheitszustand etc., werden auch innerhalb der Kita **nur Befugten** weitergegeben, die sie zur Erfüllung ihrer Aufgaben benötigen.
- Für eine **Weitergabe der Sozialdaten** ist eine besondere Genehmigung nötig. Ausnahme: Bei gewichtigen Anhaltspunkten für eine **Kindeswohlgefährdung** dürfen die Daten ans Jugendamt weitergegeben werden, wenn die Gefährdung nicht anders abgewendet werden kann.
- **Personenbezogene Daten** dürfen nur erhoben werden, wenn sie für die Arbeit der Kita **erforderlich** sind.
- **Personenbezogene Daten** dürfen nur für den **Zweck** genutzt werden, für den sie erhoben wurden.
- **Sensible Daten**, wie Leistungs- und Verhaltensdaten, müssen besonders geschützt und evtl. zeitnah wieder gelöscht werden.
- Die Erziehungsberechtigten haben das Recht, darüber **informiert** zu werden, wofür die **personenbezogenen Daten** genutzt werden.
- Unterlagen mit personenbezogenen Daten müssen in der Kita so aufbewahrt werden, dass sie **vor unbefugtem Zugriff geschützt** sind, idealerweise in abschließbaren Schränken in separaten Räumen. Einige Daten, z. B. von Kindern mit Allergien oder Lebensmittelunverträglichkeiten, sollten dagegen schnell zugänglich sein.
- Die Erziehungsberechtigten sollten im Rahmen einer erfolgreichen Erziehungspartnerschaft die Möglichkeit bekommen, **Einsicht in die gespeicherten Daten** der Familie/des Kindes zu bekommen und auch aktiv darauf hingewiesen werden. Sie haben jedoch kein Recht darauf, die persönlichen Notizen der pädagogischen Fachkräfte einzusehen.
- Der Datenschutz umfasst auch **Fotos und Videos** o. Ä. der Person. Veröffentlichungen im **Internet** müssen jeweils bildbezogen genehmigt werden. Aufnahmen, die nur für den Gebrauch in der Einrichtung verwendet werden, sind mit einem generellen Einverständnis im **Betreuungsvertrag** und im Idealfall in der Konzeption abgedeckt. In diesem Rahmen unterzeichnen die Erziehungsberechtigten auch die Verpflichtung, keine Fotos oder Filme, auf denen auch fremde Kinder zu sehen sind, im Internet zu veröffentlichen oder an Dritte weiterzugeben.
- Eine gelingende **Kooperation von Kita und Grundschule** ist wünschenswert. Daten der Kinder dürfen ohne Namensnennung auch ohne Genehmigung weitergegeben werden. Für die Weitergabe personenbezogener Daten ist das **schriftliche Einverständnis** der Erziehungsberechtigten notwendig.

**Das muss durch die Leitung geprüft werden:**

abschließbare Schränke für datenschutzrelevante Unterlagen → *einmalig*
digitale Endgeräte datensicher einrichten → *einmalig*
Einwilligungserklärung der Erziehungsberechtigten zur Beobachtung und Dokumentation (falls nicht in der Konzeption festgelegt) → *bei Aufnahme des Kindes*
Einwilligungserklärung der Erziehungsberechtigten zu Fotos und Filmen → *bei Aufnahme des Kindes oder aus aktuellem Anlass*

# Die Rechte der Erziehungsberechtigten

- Im Sozialgesetzbuch ist festgelegt, dass die Arbeit in der Kindertageseinrichtung die **Bildung und Erziehung in der Familie ergänzen und unterstützen** soll. Das umfasst auch die **Zusammenarbeit von pädagogischen Fachkräften und Erziehungsberechtigten zum Wohl der Kinder** und um die Kontinuität des Erziehungsprozesses zu sichern.
- Es ist explizit festgelegt, dass die **Erziehungsberechtigten an den Entscheidungen der Erziehung, Bildung und Betreuung** in wesentlichen Angelegenheiten zu beteiligen sind.
- Bestimmungen über die **Bildung von Elternvertretungen**, wie Elternausschüssen oder -beiräten, sind in den Kita-Gesetzen der einzelnen Bundesländer zu finden. Sie sind meist verpflichtend für die Einrichtungen und haben Informations-, Anhörungs- und Beratungsrechte.
- Die **Bildungs- und Erziehungspartnerschaft** zwischen pädagogischen Fachkräften und Erziehungsberechtigten ist für das **Wohl des Kindes** unerlässlich.
- Wichtig ist, dass die jeweiligen Kompetenzen wechselseitig anerkannt werden. **Dabei geht es um tatsächliche Beteiligung und nicht nur um Informationsaustausch.**

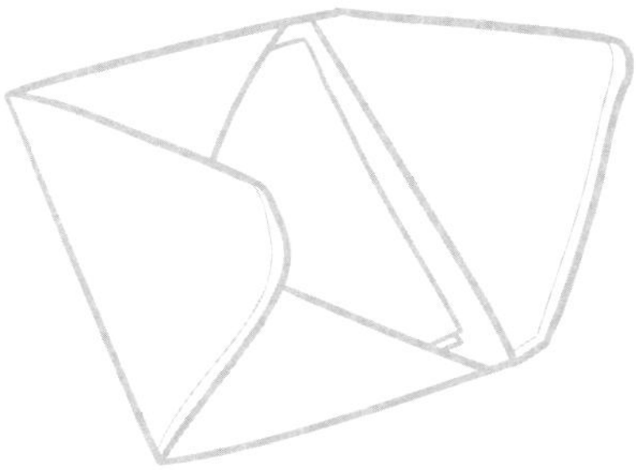

- Die Erziehungsberechtigten sollten in die Arbeit der Kita **verstärkt integriert werden**. So sollten sie etwa mit Informationen über das Sicherheitskonzept der Kita versorgt werden. Befragungen bzw. **Meinungsabfragen zu bestimmten Themen**, wie dem Kita-Tagesablauf, der Qualität der pädagogischen Arbeit oder der Einschätzung des Sicherheitskonzepts, helfen dabei und ermöglichen die **Einbeziehung der Wünsche, Ideen und Anregungen** der Erziehungsberechtigten in die Entscheidungen.
- Folgendes sollte selbstverständlich sein, um die **Erziehungspartnerschaft praktisch zu gestalten:**
  - Elternbriefe
  - Tür-und-Angel-Gespräche
  - Entwicklungsgespräche
  - Elternabende
  - Bastelnachmittage/Familien-Nachmittage
  - gemeinsame Ausflüge
  - Feste und Feiern
  - ausgelegte Informationen/Broschüren zu bestimmten Themen
- Die Erziehungsberechtigten können um **Mitarbeit und Unterstützung** gebeten werden, etwa für Feste, Ausflüge oder Renovierungen, verpflichtend ist diese Hilfe aber nicht.

# Sorgerecht und Abholberechtigung

## Elterliche Sorge

- Die **elterliche Sorge** ist im Bürgerlichen Gesetzbuch geregelt. Die Erziehungsberechtigten haben das Recht, **Entscheidungen für das minderjährige Kind** zu treffen und seine **Angelegenheiten** zu regeln.
- Die **elterliche Sorge** vertreten die Erziehungsberechtigten (bei gemeinsamem Sorgerecht) **gemeinschaftlich**. Bei **Gefahr im Verzug** ist jede*r Erziehungsberechtigte berechtigt, allein zum Wohle des Kindes zu handeln.
- Die Erziehungsberechtigten müssen das Kind (bei gemeinsamem Sorgerecht) **gemeinschaftlich in der Einrichtung an- und wieder abmelden**.
- Eine **Kündigung** des Kindes durch den Träger kann von nur einem oder einer Erziehungsberechtigten entgegengenommen werden (passive Elternvertretung).
- Die elterliche Sorge betrifft die Sorge für die Person des Kindes (**Personensorge**) mit Pflege und Erziehung, Bestimmung des Aufenthaltes, des Umgangs und des Namens, die Sorge für das Vermögen des Kindes (**Vermögenssorge**), Abschluss von Verträgen, Schutz finanzieller Interessen, Verfolgung von Ansprüchen, Abwehr von unberechtigten Ansprüchen sowie die **gesetzliche Vertretung**, wie Leistungen beantragen oder in eine Operation einwilligen.
- Die elterliche Sorge ist unverzichtbar, unentziehbar und nicht übertragbar, kann aber **für gewisse Zeit an Dritte übertragen** werden. Diese Regelung greift bei der Betreuung durch die Einrichtung.
  Die **Letztverantwortung** verbleibt bei den personensorgeberechtigten Erziehungsberechtigten.
- Bei **Trennung und/oder Scheidung** üben die Erziehungsberechtigten gewöhnlich weiter die **gemeinsame Sorge für das Kind** aus. Entscheidungen in **Angelegenheiten des täglichen Lebens** trifft die erziehungsberechtigte Person, bei der sich das Kind gewöhnlich aufhält.
- Die Entscheidung über die Betreuung in einer Kita ist eine **Angelegenheit von erheblicher Bedeutung** und muss **von beiden Erziehungsberechtigten getroffen** werden.
- **Neue Partner*innen** können als **erziehungsberechtigt** betrachtet werden, wenn sie mit einem **sorgeberechtigten Elternteil** verheiratet sind, in einer eingetragenen Partnerschaft verbunden sind oder in eheähnlicher Gemeinschaft zusammenleben.
- **Pflegepersonen**, **Heimerzieher*innen** und **gesetzliche Betreuer*innen** eines Kindes sind berechtigt, **Angelegenheiten des täglichen Lebens** für ein Kind zu entscheiden und Personensorgeberechtigte zu vertreten. Sie dürfen auch das aktive und das passive Wahlrecht in der Elternvertretung ausüben.

## Abholberechtigung

- Nur die **Personensorgeberechtigten** dürfen das Kind aus der Einrichtung abholen.
- **Andere Personen**, auch wenn sie der Kita und dem Kind bekannt sind, dürfen das Kind nur mitnehmen, wenn eine **schriftliche Einverständniserklärung der Personensorgeberechtigten** vorliegt. Diese kann jederzeit geändert oder zurückgenommen werden.
- **Mündliche Abholberechtigungen** sind nur **in Ausnahmefällen und mit Zeug*innen** der Vereinbarung (z. B. weitere pädagogische Fachkraft) möglich. Dies sollte **schriftlich dokumentiert** werden.

# Aufsichtspflicht

## Aufsichtspflicht in der Kita

- Die Aufsichtspflicht ist Teil der **elterlichen Sorgeverpflichtung.**
- Mit dem schriftlichen Kita-Vertrag wird diese **auf die Einrichtung übertragen** und wiederum mit dem Arbeitsvertrag auf die pädagogischen Fachkräfte.
- Die **Leitung trägt organisatorische Verantwortung** der Aufsichtspflicht: Mitarbeiter*innen auswählen, anweisen, beraten, kontrollieren.
- Ein **Übertragen der Verantwortung auf Praktikant*innen oder andere Personen** ist möglich nach Ermessen: Ist die Person eingearbeitet, erfahren, zuverlässig und bereit, Anweisungen zu befolgen? Bei längerfristiger Übertragung ist ein erweitertes polizeiliches Führungszeugnis anzufordern.
- **Wichtig:** Der **Betreuungsschlüssel** steht **nicht** in Verbindung mit der Aufsichtspflicht. Er hat rein pädagogische und wirtschaftliche Hintergründe.

* * *

## Beginn und Ende der Aufsichtspflicht

- Wenn ein Kind **zu früh gebracht** oder **zu spät abgeholt** wird, hat die Einrichtung dennoch die Aufsichtspflicht zu übernehmen. („Erblicken heißt übergeben.") Kritisches Feedback und Abmahnungen der Erziehungsberechtigten sind möglich.
- Wenn Erziehungsberechtigte möchten, dass ihr Kind **allein nach Hause** geht, tragen die Fachkräfte die Verantwortung dafür, das Kind rechtzeitig loszuschicken bzw. es nicht gehen zu lassen, wenn äußere Umstände (z. B. Wetter) oder der Gesundheitszustand des Kindes das nicht empfehlen.
- Nur im üblichen Betrieb übernehmen die pädagogischen Fachkräfte die Aufsichtspflicht. Bei einer Veranstaltung in der Einrichtung, bei der auch **die Erziehungsberechtigten anwesend** sind, **tragen diese die Aufsichtspflicht selbst**. Diese sollten durch den Kita-Vertrag, einen Aushang oder einen Infobrief darauf hingewiesen werden.

* * *

## Art und Umfang der Aufsichtspflicht

- Es gibt **keine genaue Definition, wie Aufsichtspflicht auszusehen hat.** Dafür sind Menschen und Situationen zu unterschiedlich. Die Aufsicht muss dem Alter des Kindes und der Situation angemessen sein.
- **Besucher*innen in der Einrichtung** (ausgenommen Hospitationen und „Schnupperkinder") **sind nicht unfallversichert!** Wenn ehemalige Kinder oder Geschwister zu Besuch sind, sollten Sie die Kinder im Blick haben und den Besuch kurz halten.
- Besonders sorgsam sollten Sie im **Außengelände** sein. Die **Spielgeräte** sollten der DIN EN 1176 und 1177 entsprechen und **regelmäßige Sichtkontrollen** obligatorisch sein.

# Brandverhütung !!!

## Brandprävention in der Einrichtung

- **Offenes Feuer** sollte möglichst **vermieden** werden.
- Falls **offenes Feuer** unvermeidbar ist, sollte es **niemals unbeaufsichtigt** bleiben.
- Beim Einsatz **echter Kerzen**: nur auf **nicht brennbarer Unterlage** abstellen, ausreichend **Abstand zu brennbaren Materialien einhalten**
- **Offenes Feuer** sollte, wenn überhaupt, **nur im Stuhlkreis, unter Aufsicht und im pädagogisch notwendigen Rahmen** eingesetzt werden.
- Bei Umgang mit **offenem Feuer** sollte immer ein **geeignetes Löschmittel**, etwa ein Feuerlöscher, griffbereit sein.
- **Elektrische Geräte** (Wasserkocher, Kaffeemaschine, Lampen etc.) sollten **regelmäßig überprüft** und ggf. ausgetauscht werden.
- **Elektrische Geräte sollten nach Gebrauch abgeschaltet** und nicht auf brennbaren Unterlagen abgestellt werden.
- **Leicht brennbare Materialien**, wie Kunstwerke der Kinder oder Deko-Materialien, sollten in **möglichst geringer Zahl in der Kita gelagert** werden. Dies sind Brandlasten. Falls möglich, sollten schwer entflammbare Materialien verwendet werden.
- **Leicht entzündliche Stoffe sollten Sie nicht** in der Nähe von **Heizkörpern** abstellen.
- Bei **Leuchten, die sich erwärmen**, sollten Sie auf ausreichenden **Abstand zu brennbaren Gegenständen** achten.
- **Rauchverbote** beachten.
- Organisieren Sie mit dem Träger, der Feuerwehr und dem Hausmeister oder der Hausmeisterin mindestens alle zwei Jahre eine **Brandschau** in der Einrichtung.

## Schulung der Kinder

- Kinder sollten frühzeitig mit **Brandschutzerziehung** in Kontakt kommen.
- Die Kinder sollten über **Brandursachen** und die **Gefahren von offenem Feuer** und **Zündmaterial**, wie Streichhölzern, informiert sein.
- Kinder sollten **Feueralarm als solchen erkennen** und weder weiterspielen noch sich verstecken, sondern sich im Gruppenraum sammeln, um mit den pädagogischen Fachkräften gemeinsam und ruhig zum Sammelplatz zu gehen.

# Brandschutz !!!

## Flucht- und Rettungswege

- ○ sich mit den Rettungswegen vertraut machen
- ○ die Kennzeichnungen für die Rettungswege beachten
- ○ Fluchttüren und Notausgänge sollten nie abgeschlossen und immer von innen zu öffnen sein.
- ○ Flucht- und Rettungswege sowie Notausgänge immer freihalten
- ○ Brandschutztüren niemals feststellen
- ○ im Notfall die vereinbarte Sammelstelle aufsuchen

## Feuerlöscher

- ○ sich mit den Standorten der Feuerlöscher vertraut machen
- ○ Weg zu Feuerlöscheinrichtungen immer freihalten
- ○ sich mit der Handhabung der Feuerlöscheinrichtungen vertraut machen
- ○ Informationen über effektive Brandbekämpfung sammeln
- ○ benutzte Feuerlöscher neu befüllen lassen
- ○ Feuerlöscheinrichtungen deutlich kennzeichnen

## Infos

- ○ Laut DIN 14096 muss es eine Brandschutzordnung für die Einrichtung geben.
- ○ Zusammen mit einem Fluchtwegeplan müssen gemäß DIN 14096 Verhaltensregeln im Brandfall aushängen.

**Das muss regelmäßig geprüft werden:**

Aushang von Flucht- und Rettungsplänen → *jährlich, Fachfirma*
Brandmeldeanlagen → *alle zwei Jahre, Fachfirma*
Feuerlöscher und Feuerlöschanlagen → *jährlich, Fachfirma*
Rauchabzugsanlage → *jährlich, Fachfirma*
Fluchtwegbeschilderung und -beleuchtung → *jährlich, Fachfirma*
Evakuierungsübung der Einrichtung → *jährlich, Fachfirma*
Brandschutzschulung des Teams → *jährlich, Feuerwehr*

# Verhalten im Brandfall

**① 112 wählen und Brand melden:**

- ○ Wer ruft an?
- ○ Wo ist es passiert?
- ○ Was ist passiert?
- ○ Wer ist betroffen?
- ○ Wie viele Verletzte? (falls schon bekannt)
- ○ Welche Verletzungen?
- ○ Rückfragen der Leitstelle abwarten und beantworten

**② In Sicherheit bringen:**

- ○ gefährdete Personen warnen
- ○ Hilfsbedürftigen helfen
- ○ gekennzeichnete Fluchtwege benutzen
- ○ keine Aufzüge benutzen
- ○ Anweisungen von Rettungskräften und Brandschutzhelfer*innen befolgen

**③ Löschversuche:**

- ○ Fenster und Türen schließen
- ○ Feuer von vorn und unten in Windrichtung angreifen
- ○ mehrere Löscher gleichzeitig einsetzen, statt nacheinander

**④ Erste Hilfe leisten:**

- ○ Verletzten bis zum Eintreffen der Rettungskräfte Erste Hilfe leisten

# Aufgaben von Brandschutzbeauftragten

**Zu dieser Tätigkeit gehören folgende Aufgaben:**

- zentrale Ansprechperson für alle Belange des Brandschutzes in der Einrichtung
- einrichtungsweite Koordinierung der Aktivitäten im Brandschutz
- fachlich zuständige Ansprechperson für die Brandschutzdienststelle
- Beratung bei Planung, Beschaffung und Änderung baulicher Anlagen und Verfahrensprozesse
- Hilfe und Unterstützung im Brandfall
- Ersatzmaßnahmen bei Ausfall oder Außerbetriebsetzen von Brandschutzeinrichtungen

**Überwachung und Kontrolle**

- Einhaltung von Brandschutzvorschriften und behördlichen Auflagen
- Risikoanalyse und Begehung sowie Mitteilung festgestellter Mängel an die Leitung
- ggf. Kontrolle brandschutztechnischer Einrichtungen und Anlagen

**Information**

- Hinweis auf mögliche Risiken von Anlagen und Einrichtungen
- Maßnahmen und Techniken zur Gefahrenabwehr
- Brandschutzordnung
- Flucht- und Rettungspläne, wie Räumungs-, Alarmierungs- und Feuerwehrpläne
- Durchführung/Unterstützung bei Brandschutzinformation und Unterweisung beschäftigter Personen
- Koordination und Ansprechstelle für Brandschutzhelfer*innen

**Stellungnahmen**

- Investitionsentscheidungen, die die Belange des Brandschutzes berühren
- Auswertung von Schadensursachen und technischen Mängeln

**Bericht**

- regelmäßiger Bericht an die Einrichtungsleitung über getroffene/beabsichtigte Maßnahmen
- Meldungen aus aktuellem Anlass

**Befugnisse**

- Weisungsbefugnis bei unmittelbar drohender Gefahr im Alarm- und Löschwesen der Einrichtung
- Vorschlagsrecht für Investitionen im Brandschutz
- Mitentscheidungsrecht über die Art der durchzuführenden Brandschutzmaßnahmen
- Weisungsrecht zur Wiederherstellung des vereinbarten Brandschutzstandards

# Erste Hilfe

- **Ruhe bewahren**
- **auf die eigene Sicherheit achten**
- **einen Notruf absetzen;** Feuerwehr: 112/Polizei: 110

## Erste Hilfe leisten

- Verletzte aus dem Gefahrenbereich retten, Eigengefährdung beachten (Atemschutz, Einmalhandschuhe o. Ä.)
- Kleiderbrände löschen (mit Feuerlöscher, zunächst auf Schultern und Brust richten)
- bei Verbrennungen Lauwarmwasseranwendungen, Brandwunden keimfrei abdecken
- bei Kontamination mit Chemikalien die Kleidung entfernen und die Haut abwaschen
- Bewusstseinslage prüfen (Ansprache, Berührung), Atmung prüfen (Atembewegung, Atemstoß), Kreislauf prüfen (Puls, Hautfarbe)
- ist der*die Patient*in bei Bewusstsein, evtl. durch Anheben der Beine in Schocklage bringen
- bei Bewusstlosigkeit und Spontanatmung in die stabile Seitenlage bringen
- bei Atem- oder Kreislaufstillstand Wiederbelebungsmaßnahmen ergreifen; bei nicht vorhandener Atmung Atemwege frei machen und -halten, Mund-zu-Nase-Beatmung durchführen
- Informationen für die Ärztin bzw. den Arzt bereithalten: z. B. Erbrochenes und Chemikalien

## Unfälle dokumentieren

- Bei Unfällen, bei denen eine ärztliche Behandlung nötig ist, muss eine Unfallanzeige mit entsprechendem Vordruck innerhalb von drei Tagen an den Unfallversicherungsträger erfolgen. Hier gibt es länderspezifische Vorgaben.
- Andere Unfälle müssen ebenfalls festgehalten werden: in einem gedruckten oder digitalen Verbandbuch oder auf einem Meldeblock. So kann die Dokumentation bei Spätfolgen herangezogen und es kann nachgewiesen werden, dass die Mitarbeiter*innen ihrer Ersthelferpflicht nachgekommen sind. Die Unterlagen müssen fünf Jahre aufbewahrt werden.

**Das muss regelmäßig von der Leitung geprüft werden:**

Verbandskasten/Notfallausrüstung auf Vollständigkeit → *regelmäßig, z. B. halbjährlich*
Medikamente/Notfallmedikamente auf Verfalldatum → *regelmäßig, z. B. halbjährlich*
Übersicht über Erste-Hilfe-Maßnahmen hängt aus → *regelmäßig, z. B. halbjährlich*
Notrufeinrichtung ist vorhanden → *regelmäßig, z. B. halbjährlich*
ein*e Ersthelfer*in pro Gruppe mit der Grundausbildung „Erste Hilfe am Kind“, anschließend regelmäßiger Trainingskurs → *alle zwei Jahre*

# Sichere Kita nach außen

- [ ] Sind **Einfriedungen** so gestaltet, dass Verletzungsgefahren vermieden werden?
- [ ] Gibt es besondere **Rutschgefahren durch Nässe oder Schnee** in (Eingangs-)Bereichen?
- [ ] Sind an allen stolper- oder rutschgefährlichen Stellen **Handläufe**?
- [ ] Haben **Bodenbeläge** von Aufenthaltsbereichen im Freien bei Nässe rutschhemmende Eigenschaften und werden Verletzungen bei Stürzen vermieden?
- [ ] Sind **Wasseranlagen** so gestaltet, dass ein Hineinfallen vermieden wird, z. B. durch Zäune oder Begrenzungen?
- [ ] Sind **Regentonnen** mit einem Deckel gesichert?
- [ ] Haben **Hänge** wegen möglicher Absturzgefahren ein Neigungsverhältnis von 1 : 2?
- [ ] Befinden sich im Außenbereich keine **verletzungs- oder gesundheitsgefährdenden Pflanzen**, z. B. Pfaffenhütchen, Seidelbast, Stechpalme, Goldregen oder Pflanzen mit Dornen?
- [ ] Ist ein ausreichender **Schutz vor Sonneneinstrahlung** vorhanden?
- [ ] Werden **Spielplatzgeräte und naturnahe Spielelemente** regelmäßig geprüft und gewartet?
- [ ] Sind die **Flächen zum Spielen** so ausgerichtet, dass keine Gefährdungen entstehen?
- [ ] Betragen die **Abstände bei senkrechten Zwischenstäben** bei Umwehrungen max. 12 cm und bei Krippenkindern max. 8 bis 9 cm?
- [ ] Sind **Abfallbehälter und andere Behälter**, die ein Verletzungs- oder Gesundheitsrisiko darstellen, dem Zugriff entzogen?
- [ ] Wird das Außengelände jährlich von einer sachkundigen Person nach **Fangstellen für Kopf und Hals, Körper, Fuß und Bein, Finger sowie Kleidung** überprüft?

# Sichere Innenräume

- ☐ Ist die **Ausstattung** für den jeweiligen Zweck **sicher gestaltet, befestigt und aufgestellt**?
- ☐ Ist die **Ausstattung** für Kinder **ergonomisch**?
- ☐ Sind die **Möbel** für die Kinder so **beschaffen und befestigt**, dass sie keine Gefahr darstellen?
- ☐ Werden **Verletzungsgefahren** durch scharfe Kanten und Ecken, raue Oberflächen und vorstehende Teile ausgeschlossen?
- ☐ Sind **bewegliche Teile der Ausstattung** ohne Gefahr durch Scherstellen gestaltet?
- ☐ Werden **Quetschgefahren** für Kinder, insbesondere Krippenkinder, vermieden?
- ☐ Sind **erhöhte Spielebenen** sicher gestaltet? (Absturzgefahr, Fangstellen, Anstoßgefahr, Behinderung von Erste-Hilfe- und Evakuierungsmaßnahmen)
- ☐ Sind **erhöhte Spielebenen** so gestaltet, dass unbeabsichtigtes **Herunterfallen von Gegenständen** verhindert wird?
- ☐ Können Kinder auf **erhöhten Spielebenen** trotz Absturzsicherung **gesehen** werden?
- ☐ Sind Türen so installiert, dass Kinder durch **aufschlagende Türflügel** nicht gefährdet sind?
- ☐ Sind **Türen** leicht zu öffnen und zu **schließen**?
- ☐ Sind **Türen** gegen **Verletzungsgefahren** gesichert? (Scherstellen, Ausheben usw.)
- ☐ Sind **Griffe, Hebel und Schlösser** so beschaffen, dass Gefahren verhindert sind?
- ☐ Haben **Fußböden rutschhemmende** Eigenschaften?
- ☐ Sind **Verglasungen** vom Fußboden bis zu einer Höhe von 1,50 m aus **Sicherheitsglas**?
- ☐ Sind **Steckdosen** mit **Kindersicherungen** versehen?
- ☐ Haben **Treppen** auf beiden Seiten **Handläufe**?
- ☐ Sind **Ecken und Kanten** an Bauteilen und Einrichtungsgegenständen mindestens 2 mm **gerundet**?
- ☐ Sind **Füße und Streben** von Möbeln, Stellwänden o. Ä. **ohne Stolpergefahren** gestaltet?
- ☐ Haben **rollbare Einrichtungen** eine Feststellfunktion?
- ☐ Sind **Schubladen** gegen Herausfallen gesichert?
- ☐ Sind **Schränke, Regale, Raumteiler** o. Ä. **kippsicher** installiert und aufgestellt?
- ☐ Beachten Sie auch die **Unfallverhütungsvorschriften** der gesetzlichen Unfallversicherung (Unfallkasse).

**Das muss regelmäßig geprüft werden:**

ortsfeste elektrische Anlagen und Betriebsmittel durch Fachfirma → *alle vier Jahre*
ortsveränderliche elektrische Anlagen und Betriebsmittel durch Fachfirma → *alle ein bis zwei Jahre*
Messgeräte durch Eichamt → *siehe Eichplakette*
Trinkwasserprüfung/Legionellen durch Fachfirma → *jährlich*
Trinkwasser/Rückspülfilter durch Fachfirma → *nach Herstellerangaben*
Fahrstuhl durch Fachfirma → *alle zwei Jahre*
Speiseaufzug durch Fachfirma → *alle vier Jahre*

# Sichere Schlafräume

### Der Raum

- Schlaf- und Ruheräume sollten in der Einrichtung als **Rückzugsorte** vorhanden sein.
- Kinder brauchen einen **verlässlichen, immer gleichen Ort**, an dem sie **geborgen schlafen** können, sowie Schlafrituale.
- **Bodenbeläge** sollten rutschhemmend und leicht zu reinigen sein.
- **Wände** sollten in **zurückhaltenden Farben** gestrichen werden, um Reizüberflutung zu vermeiden. **Warme Farbtöne** erhöhen das Wohlbefinden.
- Der Raum sollte **frei von Zugluft** sein.
- Zwischen den Schlafplätzen muss genügend Raum für **Bewegungsfreiheit** bestehen.
- **Beleuchtung** mit einer Nennbeleuchtungsstärke von 300 Lux sollte vorhanden sein. Im zum Schlaf **abgedunkelten** Raum sollte gewährleistet sein, dass die pädagogischen Fachkräfte jederzeit eine Übersicht im Raum haben. Dafür genügen 5 bis 10 Lux. Leuchten mit Dimmer sind empfehlenswert.

* * *

### Der Schlafplatz

- Die Betten müssen so gesichert sein, dass ein **Herausfallen unmöglich** ist, z. B. Gitterbetten oder flache Körbe bzw. Matten.
- Bei **Gitterbetten** muss die Öffnungsweite der Gitterstäbe nach DIN EN 716-1 zwischen 4,5 cm und 6,5 cm betragen, damit **keine Fangstellen** entstehen.
- Um das **Risiko des plötzlichen Kindstods** im ersten Lebensjahr zu vermindern, wird empfohlen:
  - Schlaf in Rückenlage
  - besser Schlafsäcke als Bettdecken einsetzen, damit der Kopf des Kindes nicht bedeckt ist
  - keine Kopfkissen verwenden
  - Die Matratzen sollten nicht zu weich sein.
  - Bänder, Schnüre oder Kabel dürfen nicht in Reichweite des Kindes hängen.
- Beachten Sie auch die **Unfallverhütungsvorschriften und die Publikationen der gesetzlichen Unfallversicherung** (Unfallkasse), z. B. „Kinder unter 3 Jahren sicher betreuen".

* * *

### Aufsicht

Während der allgemeinen Schlaf- und Ruhephase sollte eine **Fachkraft im Schlafraum anwesend** sein. Zur Beaufsichtigung kann auch ein **geeignetes technisches Hilfsmittel** (Babyphone) eingesetzt werden und/oder die pädagogische Fachkraft schaut in regelmäßigen Abständen nach den schlafenden Kindern.

# Sicheres Außengelände

## Allgemein

- Sind alle **Objekte, die zum Klettern und sonstigen Spielen genutzt werden können**, sicher gestaltet und aufgestellt?
- Ist der **Boden im Fallraum von Spielplatzgeräten und anderen Klettermöglichkeiten** so ausgelegt, dass Verletzungen verhindert/vermindert werden? (z. B. durch Rasen, Rindenmulch)
- Haben Spielgeräte einen **Sicherheitsbereich** von 2 m in Sprung- und Fallrichtung?
- Werden **Gefahren im Spiel mit naturnahen Elementen** zum Spielen, Bauen und Gestalten vermieden? (z. B. scharfe Kanten)
- Beträgt der **Rohrdurchmesser** der Kriechröhre mindestens 0,75 m?
- Sind **Schwingseile** nicht in Kombination mit einer Schaukel innerhalb eines Schaukelgerüsts angebracht?
- Haben **Treppen** ab 1 m Höhe Handläufe?
- Sind **Flächen zur Benutzung für Fahrzeuge** frei von Absturzstellen, wie Treppen?

## Bei Neuanschaffung von Spielplatzgeräten:

- Entsprechen die **Spielplatzgeräte** der DIN EN 1176?
- Tragen die Spielplatzgeräte das **GS-Zeichen**?
- Begleiten Sachkundige **Planung und Bau eigener Geräte**?
- Wird für **barrierefreie Spielplatzgeräte** DIN 33942 beachtet?

## Spielplatzgeräte für Krippenkinder

- Sind die Spielplatzgeräte nach DIN EN 1176 ohne deutsche A-Abweichung?
- Dürfen Krippenkinder nur unter erhöhter Aufsicht an Geräte mit deutscher A-Abweichung?
- Ist der Zugang zu Geräten mit deutscher A-Abweichung erschwert?

**Das muss regelmäßig durch die Leitung oder Fachfirmen geprüft werden:**

Außengelände visuell → *wöchentlich*
Außengelände operativ → *jedes Quartal*
Außengelände Hauptuntersuchung durch Fachfirma → *jährlich*
Wegesicherheit durch Fachfirma → *jedes Quartal*
Winterdienst durch Fachfirma → *bei Bedarf*
Dach- und Regenrinnen durch Fachfirma/Hausmeister → *jährlich oder aus aktuellem Anlass*
Bäume im Außengelände durch Fachfirma → *jährlich*
Hauptinspektion und Dokumentation Spielplatzgeräte → *jährlich*
Sichtkontrollen Spielplatzgeräte → *nach Bedarf*
Funktionskontrollen Spielplatzgeräte → *alle ein bis drei Monate*
elektrische Geräte durch Fachfirma → *halbjährlich*

# Giftpflanzen und giftige Substanzen

- Kinder unter drei Jahren sind **besonders gefährdet**, weil sie Verbote noch nicht befolgen können.
- Kinder über drei Jahren **experimentieren gern** und Verbote können zusätzlich reizen.

## Giftige Pflanzen

- Die **Begrünung im Außenbereich** der Kita sollte **gründlich auf giftige Pflanzen geprüft** werden, anhand entsprechender Literatur oder durch eine Pflanzenexpertin bzw. einen Pflanzenexperten, z. B. Garten- und Landschaftsgärtner*in, Biologin/Biologe o. Ä.
- Kinder evtl. als **„Pflanzenpolizei"** für **weniger giftige Pflanzen** einbinden.
- **giftige Pflanzen mit den Wurzeln entfernen** und entsorgen; sie gehören **nicht** auf den Komposthaufen
- **Unkraut** regelmäßig **entfernen**
- Bepflanzung **auf einige wenige Pflanzen beschränken**, die eindeutig zu identifizieren sind
- **keine Pflanzen mit Dornen oder Stacheln** im Kita-Außenbereich belassen
- **Pilze entfernen:** Sind Giftpilze darunter, muss der gesamte Garten gerodet werden.
- dazu auch die **Publikation der gesetzlichen Unfallversicherung** (Unfallkasse) „Giftpflanzen – Beschauen, nicht kauen!" (DGUV Information 202-023) berücksichtigen

**Regeln für Kinder:**

- **nichts im Außenbereich essen**, auch Kräuter, Obst oder Gemüse nicht: Dies muss erst gewaschen werden. Es besteht Gefahr durch den Fuchsbandwurm. Rohe Kartoffeln und unreife Tomaten sind giftig.
- **bei der Gartenarbeit Handschuhe tragen**, um eventuellen Kontakt zu giftigen Pflanzen zu vermeiden

## Sonstige giftige Substanzen

- **Putzmittel, Reiniger, Farben, Lacke, Klebstoffe, Entkalker, Desinfektionsmittel** und andere giftige Substanzen sind immer und ausschließlich in **abgeschlossenen Schränken** zu lagern.
- Reinigungsmittel und Co. nur in den **Originalbehältern** aufbewahren und nicht umfüllen, z. B. in Wasserflaschen
- bei **unbekannten Stoffen und Substanzen** immer das Etikett und beiliegende Hinweise vor der Benutzung aufmerksam durchlesen
- **Gefahrsymbole** weisen auf besonders gefährliche Stoffe hin.
- **Gefahrstoffe** nicht zusammen mit **harmlosen Substanzen** aufbewahren

# Sonnenschutz

- Die Haut der Kinder durch **Auftragen einer geeigneten Sonnenschutzcreme** zu schützen, ist Teil der **Aufsichtspflicht**. In manchen Einrichtungen verbietet die Leitung dies aus Sorge vor allergischen Reaktionen. Eine eigene beschriftete Sonnencreme für jedes Kind verhindert diese.

- **Mineralische UV-Filter** (Naturkosmetik) sind chemischen UV-Filtern, die hormonell wirksam **sind, vorzuziehen**. Diese sollten jedoch keine Nanomineralien enthalten. Sonnenschutzspray ist wegen der Gefahr des Einatmens nicht empfehlenswert.

- **UV-Schutzkleidung** nach dem **UV Standard 801** ist zusätzlich empfehlenswert, wenn mit Wasser gespielt wird.

- An sonnigen und warmen Tagen sollten alle Kinder, die im Außenbereich spielen, einen passenden **Sonnenhut mit Krempe bzw. mit Schirm und Nackenschutz** tragen.

- Die Kinder sollten möglichst **luftige und sonnenfeste Kleidung** tragen.

- Bevorzugt sollten die Kinder im **Schatten** spielen.

- Trotz Sonnenschutz sollten sich besonders Kinder am besten **nicht in der Mittagssonne** aufhalten.

- Bei warmem Wetter sollten Kinder unbedingt **ausreichend trinken**. Wasser und ungesüßter, kalter Tee empfehlen sich.

- **Sonnensegel** über dem Sandkasten und/oder dem Spielbereich im Kita-Außengelände sind empfehlenswert.

- Die **European Skin Cancer Foundation** zeichnet Kindertageseinrichtungen, die sich an einem Sonnenschutzprogramm beteiligen, mit dem SunPass aus.

# Infektionsschutz

## Checkliste Hygiene und Prävention

- ☐ Kennen alle Mitarbeiter*innen Anzeichen ernster Infektionskrankheiten, deren Übertragungswege und mögliche Schutzmaßnahmen?
- ☐ Finden intern für die Mitarbeiter*innen Informationsveranstaltungen und Schulungen zum Infektionsschutz statt? Werden diese dokumentiert?
- ☐ Wird neues Personal mit Informationen und Maßnahmen zum Infektionsschutz vertraut gemacht?
- ☐ Gibt es einen Hygieneplan? Werden die Maßnahmen im Hygieneplan befolgt?
- ☐ Gibt es eine*n Hygienebeauftragte*n in der Einrichtung?
- ☐ Ist bekannt, dass Mitarbeiter*innen gegen Hepatitis A und B geimpft werden können?
- ☐ Findet bei gegen Hepatitis geimpften Mitarbeiter*innen eine Kontrolle des Impfstatus statt, z. B. durch das Gesundheitsamt?
- ☐ Tragen die Mitarbeiter*innen Einmalhandschuhe bei der Versorgung offener Wunden?
- ☐ Wird ein Verbandbuch für Kinder und Mitarbeiter*innen geführt?
- ☐ Werden Mitarbeiter*innen bei Verletzungen durch Kinder medizinisch untersucht?
- ☐ Wird berücksichtigt, dass schwangere Mitarbeiter*innen einem besonderen Schutz unterliegen?
- ☐ Sind Wasch- und Toilettenräume mit fließendem Wasser, Einmalhandtüchern oder eigenem Stoffhandtuch für jede Person, Seifenspendern und Handdesinfektionsmitteln ausgestattet?
- ☐ Sind ausreichend Einmalhandschuhe (latexfrei) in passender Größe vorhanden?
- ☐ Stehen den Mitarbeiter*innen Pflegemittel zur Haut- und Handpflege zur Verfügung?

- ○ Haben Mitarbeiter*innen Krankheitsanzeichen, sollten diese umgehend in ihre Hausarztpraxis gehen und die Erkrankung auch der Einrichtung melden, damit eventuell Maßnahmen eingeleitet werden können.
- ○ Manche Erkrankungen sind meldepflichtig. Sie müssen gemäß Infektionsschutzgesetz an das Gesundheitsamt gemeldet werden. Dazu zählen u. a.: Cholera, Mumps, Diphtherie, Pest, Poliomyelitis, virusbedingtes hämorrhagisches Fieber, Meningitis, Scharlach, Keuchhusten, Typhus, Masern, Windpocken, Meningokokken, Gastroenteritis, Kopflausbefall und COVID-19.

# Hygieneschutz

## Allgemeines

- Kontakt mit Kot, Urin, Erbrochenem und Blut vermeiden, Einmalhandschuhe verwenden
- vor Lebensmittelumgang und nach jedem Toilettengang Hände gründlich mit Seife waschen
- Meldepflichtige Krankheiten meldet der feststellende Arzt bzw. die feststellende Ärztin an das Gesundheitsamt.

## Lebensmittelhygiene

- Anlieferung von Speisen sollte nur in ordnungsgemäß gereinigten Behältern erfolgen.
- Transport darf nur in geschlossenen Behältern bzw. abgedeckt stattfinden.
- Warme Speisen dürfen 65 Grad Celsius nicht unterschreiten, kalte Speisen 15 Grad Celsius nicht überschreiten: Stichproben nehmen und dokumentieren.
- Personal mit Lebensmittelkontakt: Hände waschen und Hygienekleidung anlegen
- Direkter Kontakt der Hände mit den Lebensmitteln ist untersagt.
- für die Ausgabe nur saubere Portionierungsgerätschaften benutzen
- Die Ausgabe von Rohmilch ist unzulässig.
- Übrig gebliebene, zubereitete Speisen müssen am selben Tag entsorgt werden.
- Benutztes Geschirr und Besteck müssen im Geschirrspüler bzw. in einer Doppelspüle gereinigt werden.
- Abfälle müssen in gut schließenden und gut zu reinigenden Behältnissen gesammelt und mindestens einmal am Tag in einen Abfallsammelbehälter außerhalb der Einrichtung gebracht werden.
- Vorgaben der neuen LMIV müssen beachtet werden.

**Das muss regelmäßig geprüft werden:**

| | |
|---|---|
| Hygieneplan | → *bei Inbetriebnahme* |
| Unterweisung Infektionsschutzgesetz | → *alle zwei Jahre* |
| Meldung von im Infektionsschutzgesetz genannten Krankheiten | → *bei Auftreten in der Einrichtung* |
| Unterweisung Infektionsschutzgesetz | → *alle zwei Jahre, Erstbelehrung durch das Gesundheitsamt* |
| Unterweisung Hygieneplan | → *jährlich* |
| Reinigungsplan | → *jährlich/aus aktuellem Anlass* |
| Desinfektionsplan | → *jährlich/aus aktuellem Anlass* |

# Kindeswohl/Kooperation mit dem Jugendamt

Kindertagesstätten haben einen Schutzauftrag den Kindern gegenüber. Ihr **Vorgehen im Fall der Kindeswohlgefährdung** richtet sich nach den Vereinbarungen des Trägers mit dem Jugendamt.

**Kindeswohlgefährdung kann entstehen durch ...**

- das Verhalten der Erziehungsberechtigten,
- Übergriffe der Kinder untereinander,
- Beschäftigte in der Kindertageseinrichtung,
- Fremde oder
- unzulässige Erziehungsmaßnahmen.

Was **Kindeswohl** konkret bedeutet und was im Detail als **Kindeswohlgefährdung** gilt, ist **gesetzlich nicht definiert.** Die **Feststellung einer Kindeswohlgefährdung** ist deshalb nicht einfach. Es gibt kein gesichertes System von Indikatoren. Es muss in jedem Einzelfall eine eigene Interpretation erfolgen. Dies kann durch einen **Bewertungsprozess durch insoweit erfahrene Fachkräfte** geschehen. Diese prüfen für ihre Einschätzung u. a. Anhaltspunkte beim Kind und im sozialen Bezugssystem.

**Anhaltspunkte für Kindeswohlgefährdung:**

- Vernachlässigung
- seelische Misshandlung
- körperliche Misshandlung

**Hinweis:**

Kindeswohlgefährdung ist ein komplexes Thema, das hier nur kurz angerissen werden kann. Sollten Sie **gewichtige Anhaltspunkte für Kindeswohlgefährdung** wahrnehmen bzw. diese aus dem Team an Sie herangetragen werden, sollten Sie unbedingt weitere Schritte einleiten und sich an das Jugendamt wenden.

# Personalgewinnung

## Stellenanzeigen ...

- müssen **geschlechts- und altersneutral formuliert** werden.
- müssen die **wesentlichen Anforderungen, Aufgaben und Befugnisse der Position** enthalten.
- können **extern und/oder intern** ausgeschrieben werden.
- **beinhalten folgende Angaben:**
  - Stellenbezeichnung
  - Zeitpunkt der Arbeitsaufnahme
  - Angaben zur*zum Arbeitgeber*in
  - Einordnung der Position im Unternehmen
  - Arbeitsort
  - Aufgabenbeschreibung
  - Anforderungen an die Bewerber*innen
  - Eingruppierung Gehalt
  - Arbeitszeit/Schichtmodell
  - Ablauf Auswahlverfahren
  - Fristen
  - gewünschte Unterlagen der Bewerber*innen
  - Ansprechperson

## Eingehende Bewerbungen sollten ...

- auf **Vollständigkeit** (Foto ist optional),
- auf den **Inhalt** und
- ggf. auf **Referenzen** geprüft werden.

Im Anschluss sollte man: interessante Bewerber*innen **zum Vorstellungsgespräch einladen**.

## Vorstellungsgespräch

- **ruhigen und repräsentativen Rahmen** vorbereiten
- **Fragen und Prioritäten** vorbereiten
- Achtung! **Keine unzulässige Fragen stellen** (z. B. zu Schwangerschaft, Familienplanung, finanziellen Verhältnissen, Religion, Parteizugehörigkeit)
- Einstieg: nach **Motivation für die Bewerbung, Erwartungen und Hintergründen** fragen
- die*den Bewerber*in **viel sprechen lassen**
- nach **Werten und bisherigen Arbeitserfolgen** fragen
- **fachliche Inhalte** prüfen
- nach **Schlüsselqualifikationen** fragen
- **Informationsaustausch** zur Stelle, zur Einrichtung, zum Arbeitgeber, zur Person
- **Abschluss und Ausblick**

# Vorbereitungen auf ein Mitarbeitergespräch

PERSONAL 

## Vor einem Mitarbeitergespräch

- die Arbeit des Mitarbeiters/ der Mitarbeiterin **beobachten**
- **Notizen** machen und auswerten/bewerten
- Wie hat sich die*der Mitarbeiter*in allgemein **entwickelt** (ggf. seit den letzten Zielvereinbarungen)?
- **positive Punkte** sammeln
- **Kritikpunkte** zusammenstellen
- **Themen** für das Gespräch festlegen
- **Ziele** überlegen (z. B. Motivation und Förderung des Mitarbeiters/ der Mitarbeiterin, sachliche Kritik, Veränderung des Arbeitsbereiches)
- mögliche **Maßnahmen** (z. B. Fortbildungen) überlegen
- **Haltung**: wertschätzend

## Regelmäßige Anlässe für ein Beurteilungsgespräch

- Probezeit
- Jahresgespräch
- zuvor bestimmter Zeitabstand
- Ende der Ausbildung

## Außerplanmäßige Anlässe für ein Beurteilungsgespräch

- Wechsel der Einrichtungsleitung
- Beförderung
- außerplanmäßige Entgeltanpassung
- Wechsel der Einrichtung
- Versetzung
- Beendigung des Arbeitsverhältnisses
- Ende eines Projektes
- vor einem Sabbatical
- vor der Pflegezeit einer angehörigen Person
- auf Wunsch des Mitarbeiters bzw. der Mitarbeiterin

# Zeugnisse und Beurteilungen schreiben

PERSONAL

**Aufbau und Inhalt eines Zeugnisses/einer Beurteilung:**

- ○ persönliche Daten des Mitarbeiters bzw. der Mitarbeiterin
- ○ Angaben zum Träger und der Einrichtung
- ○ Funktions- und Aufgabenbeschreibung des Mitarbeiters bzw. der Mitarbeiterin
- ○ Leitungsbeurteilung
  - ○ Arbeitsbereitschaft
  - ○ Arbeitsbefähigung
  - ○ Arbeitsweise
  - ○ Arbeitserfolge
  - ○ Fachwissen
  - ○ Bereitschaft zur Weiterbildung
  - ○ falls vorhanden: Führungsaspekte
  - ○ falls vorhanden: Führungserfolge
  - ○ zusammenfassende Leistungsbeurteilung
  - ○ Sozialverhalten
  - ○ persönliche Kompetenzen
- ○ Schlussformel
- ○ Dankesformel
- ○ bei Zwischenzeugnissen: Grund der Ausstellung

## Protokoll der Teamsitzung

Datum: ______________ Ort: ________________________________ von _______ Uhr bis _______ Uhr

**Thema der Teamsitzung:** ________________________________________________

Teilnehmende: ________________________________________________

________________________________________________________________

________________________________________________________________

Entschuldigt: ________________________________________________

Moderation: ________________________________ Protokoll: ________________________

Nächste Teamsitzung: ________________________________________________

**TOP 1:** ________________________________________________

**TOP 2:** ________________________________________________

**TOP 3:** ________________________________________________

**TOP 4:** ________________________________________________

________________________________________________________________

________________________________________________________________

**Entscheidungen/Ergebnisse/Beschlüsse:**

________________________________________________________________

________________________________________________________________

________________________________________________________________

________________________________________________________________

# Literaturempfehlungen zum Thema Kita-Leitung

## Basiswissen

*Gräßer, Melanie/Hadj-Mustafa, Hamida/Hovermann jun., Eike (Hrsg.):* Karrieresprung von der Erzieherin zur Kita-Leitung. Cornelsen bei Verlag an der Ruhr 2022.

*Möller, Jens-Christian/Schlenther-Möller, Esta:* Handbuch Kita-Leitung. Leitfaden für Qualifizierung und Praxis. 8. Auflage. Cornelsen bei Verlag an der Ruhr 2021.

*Schnurr, Heike:* Rechtssicher handeln im Kita-Alltag. Kindergarten heute. Herder 2022.

## Personalführung, Team und Ausbildung

*Lindner, Ulrike:* Ihre Kolleginnen, Ihr Team. Methoden und Übungen zur Teamentwicklung und Motivation in der Kita. Cornelsen bei Verlag an der Ruhr 2016.

*Weber, Kurt:* Beurteilungen & Zeugnisse. Kindergarten heute. Herder 2022.

*Weber, Kurt:* Gesprächsführung für Leitungskräfte. Kindergarten heute. Herder 2017.

* * *

## Qualitätsmanagement

*Fink, Heike/Weber, Kurt:* Qualitätsmanagement in der Kita. Methoden und Impulse zur Qualitätssicherung und -entwicklung. Cornelsen bei Verlag an der Ruhr 2022.